• Artistas Anônimos •

ARTE AFRICANA

Hildegard Feist

(Formada em Letras pela Universidade de São Paulo, é professora de português, francês e espanhol. Escritora e tradutora, cursou Sociologia de Comunicações na American University em Washington, DC. EUA.)

Ilustrações: Luciana Hees

São Paulo, 2010
1ª edição
9ª impressão

© Hildegard Feist, 2010

COORDENAÇÃO EDITORIAL: Lisabeth Bansi
EDIÇÃO DE TEXTO: Ademir Garcia Telles
COORDENAÇÃO DE PRODUÇÃO GRÁFICA: Ricardo Postacchini, Dalva Fumiko N. Muramatsu
EDIÇÃO DE ARTE: Camila Fiorenza
CAPA/ILUSTRAÇÕES: Luciana Hees
COORDENAÇÃO DA REVISÃO: Elaine C. del Nero
REVISÃO: Afonso N. Lopes, Ana Cortazzo
COORDENAÇÃO DE PESQUISA ICONOGRÁFICA: Ana Lucia Soares
PESQUISA ICONOGRÁFICA: Denise Durand Kremer
COORDENAÇÃO DE BUREAU: Américo Jesus
TRATAMENTO DE IMAGENS: Arleth Rodrigues
PRÉ-IMPRESSÃO: Helio P. de Souza Filho, Marcio H. Kamoto
COORDENAÇÃO DE PRODUÇÃO INDUSTRIAL: Wilson Aparecido Troque
IMPRESSÃO E ACABAMENTO: PSP Digital
LOTE: 288154

Dados Internacionais de Catalogação na Publicação (CIP)
(Câmara Brasileira do Livro, SP, Brasil)

Feist, Hildegard
Arte africana / Hildegard Feist. — 1. ed. —
São Paulo : Moderna, 2010.

ISBN 978-85-16-06692-5

1. Arte africana I. Título.

10-04368   CDD-709.6

Índices para catálogo sistemático:

1. Arte africana : História   709.6

Reprodução proibida. Art.184 do Código Penal e Lei 9.610 de 19 de fevereiro de 1998.

Todos os direitos reservados

EDITORA MODERNA LTDA.
Rua Padre Adelino, 758 – Belenzinho
São Paulo – SP – Brasil – CEP 03303-904
Vendas e atendimento: (11) 2790-1300
Fax: (11) 2790-1501
www.modernaliteratura.com.br
2020

Harpa de madeira e couro dos mangbetus, povo da República Democrática do Congo.

© WERNER FORMAN ARCHIVE/IMAGES PLUS. MUSÉE ROYAL DE L'AFRIQUE CENTRALE, TERVUREN, BÉLGICA.

Aposto que, quando você ouve falar em África, logo pensa num safári, como os que aparecem nos filmes de aventura. Ou num leopardo perseguindo uma gazela pela savana, como você vê num documentário. Ou numa fila de gente magra e sofrida, com trouxa na cabeça, fugindo de uma guerra civil, como o noticiário infelizmente mostra com alguma frequência. Em arte africana é que você *não* pensa. Acertei? Ótimo: ganhei a aposta. Portanto, já posso lhe falar sobre esse assunto fascinante.

E vou começar pelo título deste livro: arte africana é a expressão que os estudiosos ocidentais encontraram para englobar toda a produção artística tradicional das centenas de povos que vivem nas dezenas de países da África negra. Claro está que tantos povos diferentes, com culturas diferentes, línguas ou dialetos diferentes, estilos de vida diferentes, religiões diferentes, não haveriam de criar uma arte uniforme, que pudesse ser tranquilamente reunida sob um mesmo rótulo. Mas, na falta de um termo melhor, "arte africana" é o que normalmente se usa.

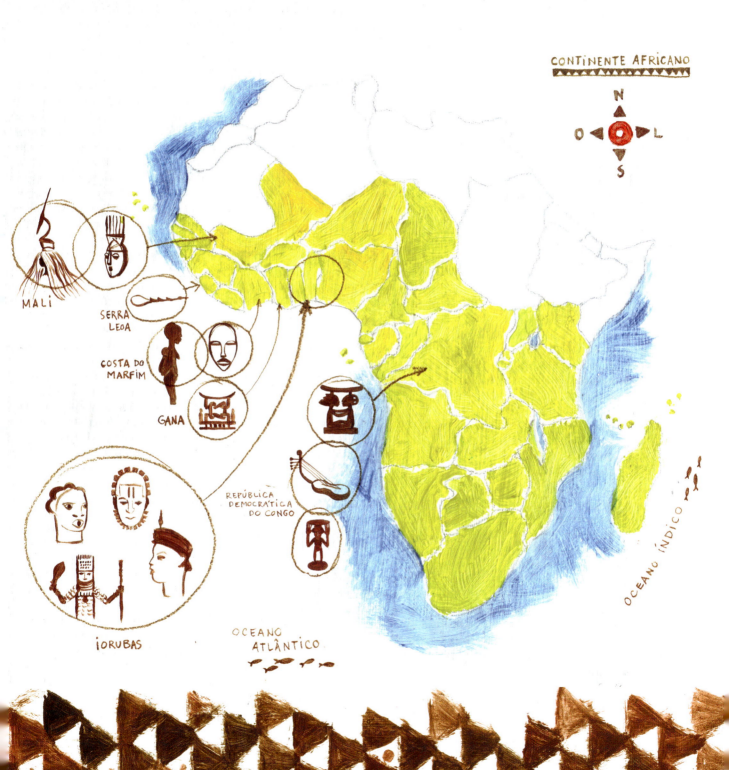

Apesar de criadas por povos diferentes ao longo de séculos, as obras de arte tradicionais da África negra têm algumas coisas em comum. Elas geralmente foram concebidas por artistas anônimos, estão relacionadas com as crenças religiosas, os mitos, os fatos históricos ou os costumes da comunidade em que surgiram e atingem seu ponto alto sobretudo na escultura.

Com materiais tão diversos como argila e metal, madeira e marfim, os escultores africanos fizeram — e continuam fazendo — estátuas, placas, portas, instrumentos musicais, máscaras, objetos rituais, peças de mobiliário e até utensílios domésticos.

Como, logicamente, eu não poderia lhe mostrar tudo isso, nem que fosse num livro de mil páginas, selecionei alguns exemplos da escultura africana tradicional. São obras bem interessantes, carregadas de significado e muito diferentes daquelas estátuas célebres, como a Vênus de Milo ou o Davi de Michelangelo, que você já deve ter visto num livro de arte, num documentário, num filme ou mesmo numa revista.

Escultura de madeira dos baulês, povo da Costa do Marfim, representando mãe e filho.

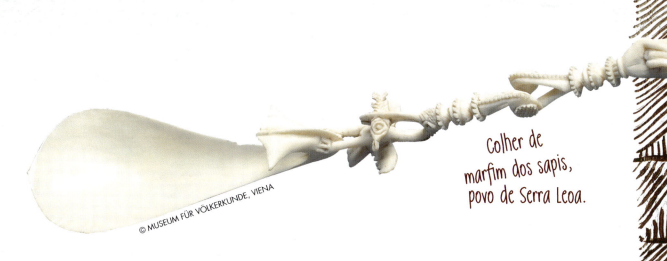

Colher de marfim dos sapis, povo de Serra Leoa.

Os exemplos antigos mais bem preservados de escultura africana são peças de argila produzidas pela cultura Nok, que floresceu a partir da aldeia de Nok, na Nigéria, entre os anos 500 antes de Cristo e 200 depois de Cristo, aproximadamente. Mas o mundo só tomou conhecimento dessas obras séculos depois. Veja como isso aconteceu.

Em 1943, um homem simples que trabalhava numa mina de estanho encontrou ali uma cabeça de argila. "Acho que isso vai ser bom para espantar os passarinhos que vivem bicando os meus inhames", ele deve ter pensado. E, assim que chegou em casa, prendeu a cabeça numa estaca e espetou a estaca no meio da plantação. E lá ficou a cabeça, servindo de espantalho, durante um ano, até que o diretor da mina a comprou e mostrou-a para um inglês chamado Bernard Fagg.

Cabeça de terracota da cultura Nok, Nigéria.

© WERNER FORMAN ARCHIVE/ IMAGEPLUS. NATIONAL MUSEUM, LAGOS, NIGÉRIA

Esse inglês era arqueólogo, ou seja, era o tipo de historiador que estuda estilos de vida de povos antigos através dos vestígios deixados por esses povos — vestígios que vão desde restos de fogueira até obras de arte. Naturalmente, Fagg reconheceu a importância do achado e não só pediu aos operários da mina que lhe entregassem qualquer outra peça que encontrassem, como tratou de escavar uma área maior. Depois de fazer uma tremenda buraqueira, reuniu dezenas de esculturas, que incluem muitas figuras humanas. Uma característica dessas obras é a cabeça redonda, com olhos em forma de círculo ou de triângulo e a boca aberta. Nas figuras de corpo inteiro, a cabeça é muito grande em relação às pernas.

A cultura Nok já havia desaparecido quando a cidade de Ifé, ou Ilé-Ifé, também na Nigéria, se tornou a capital religiosa e cultural do povo ioruba, no século XIII. Nessa época, os iorubas estavam organizados em reinos independentes que formavam um império. Hoje em dia, são um dos povos mais numerosos da África; vivem principalmente na Nigéria, mas têm forte presença também nas repúblicas vizinhas de Benin e do Togo.

Em Ifé moravam excelentes escultores, e, como eles trabalhavam muito com metal — latão, bronze —, suas obras se conservaram melhor que as peças de argila de Nok. Os escultores de Ifé usavam a técnica da cera perdida, que funciona mais ou menos assim.

Primeiro, o artista faz um molde de argila com as formas que pretende dar à obra acabada; depois, cobre o molde com cera, reproduzindo essas formas com exatidão; por fim, reveste a cera com mais uma camada de argila, sempre atento às formas. Digamos que o resultado é uma espécie de sanduíche de argila com recheio de cera. O escultor aquece o sanduíche e espera a cera derreter e escoar. Então, funde o metal e o despeja no vão que antes era ocupado pela cera. Agora só precisa esperar que o metal esfrie e se solidifique novamente para quebrar a argila e contemplar seu belo trabalho.

Cabeça de bronze de Ifé, Nigéria.

Quando o rei de Benin, ainda na Nigéria, soube da existência dessa técnica, mandou logo buscar em Ifé um especialista para ensiná-la a seus escultores. Isso aconteceu no século XIII, quando o reino de Benin ainda estava começando.

O reino de Benin viveu seu apogeu nos séculos XV e XVI, quando o rei (oba, na língua dos edos, o povo local) ampliou seus territórios (à custa dos vizinhos) e encheu os cofres, comerciando com os portugueses. Datam dessa época as placas de latão — trabalhadas com a técnica da cera perdida — que focalizam obas, acontecimentos importantes de vários reinados e aspectos da vida na corte. Uma dessas placas homenageia o oba Ozolua, o Conquistador, que assumiu o poder por volta de 1481. Ele aparece no centro, entre dois guerreiros, e usa uma armadura de ferro (ao lado). Repare que no peito e nos braços da armadura há umas cobrinhas. Os edos acreditavam que elas haviam sido enviadas por Olokun, o deus das águas, para proteger o oba Ozolua.

Placa de latão do reino de Benin, Nigéria, representando o oba Ozolua com guerreiros e servidores.

Placa de latão do reino de Benin, Nigéria, representando o oba Esigie e servidores.

Se na época de Ozolua os portugueses eram visitantes assíduos do reino de Benin, mais assíduos ainda ficaram depois que Esigie, filho de Ozolua, herdou o trono, lá por 1504. Entre outras coisas, Esigie fundou uma escola onde os meninos aprendiam português, como ele mesmo havia aprendido com seu professor português. Intensificou o comércio com os portugueses. E contratou soldados portugueses para ajudá-lo em suas batalhas.

Mas não foram só os soldados portugueses que contribuíram para as vitórias de Esigie. Em tempos de guerra, esse oba contava também com uma aliada preciosa: sua mãe, Idia, que lutava a seu lado, comandando o próprio exército. Como se não bastasse, Idia também era curandeira. Ela conhecia as propriedades medicinais de várias ervas e sabia umas fórmulas que eram consideradas mágicas. Com esses conhecimentos, preparava remédios poderosos para os guerreiros feridos em combate.

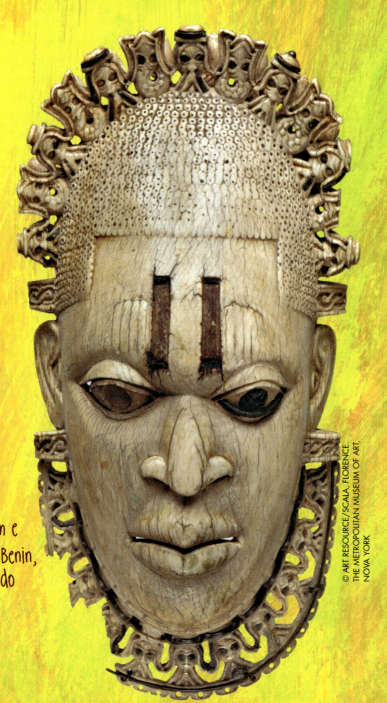

Pingente de marfim e ferro do reino de Benin, Nigéria, representando a iyoba Idia.

Não é difícil imaginar a gratidão de Esigie pela mãe. Para homenageá-la, ele criou o título de iyoba, ou rainha-mãe, concedendo-lhe direitos, privilégios e deveres geralmente restritos aos homens. A iyoba passou a ter um palácio só para ela e sua corte e também a cobrar impostos das aldeias que estavam sob seu domínio. Idia inspirou um jogo de quatro pingentes de marfim e ferro que a mostram como uma mulher pensativa, firme e decidida. O rei provavelmente usava esses pingentes nas cerimônias que celebravam a iyoba morta.

Essas esculturas que vimos até agora são de materiais que resistem bem ao tempo (tanto que as peças atravessaram séculos), porém não são os mais usados pelos escultores africanos tradicionais. Na verdade, a maioria das esculturas africanas é de madeira, e, como esse material é muito sensível à umidade do clima tropical, grande parte das obras mais antigas se perdeu.

Felizmente não é o caso das criações do Mestre de Buli, artista que recebeu esse nome porque duas das cerca de vinte obras atribuídas a ele foram encontradas na aldeia de Buli. Essa aldeia fica no leste da República Democrática do Congo, uma região habitada pelo povo luba. As imagens esculpidas pelos escultores lubas em geral são robustas, com formas arredondadas e feições idealizadas, quer dizer, que não correspondem exatamente à realidade. Já as figuras criadas pelo Mestre de Buli são magras, parecem tristes e cansadas e têm mãos muito grandes em relação ao resto do corpo. Levadas para a Europa por volta de 1900, essas figuras estão entre as primeiras obras de arte africana tradicional reconhecidas como produção de um só artista — se bem que alguns estudiosos jurem de pés juntos que "o" Mestre de Buli é, na verdade, um grupo de artistas.

Em vez de entrar nessa discussão que parece sem fim, vamos ver algumas das criações do Mestre de Buli. Uma das mais famosas é *Portadora da taça*. Esse tipo de imagem era colocado diante da casa de uma jovem que acabara de ter um filho para receber as ofertas das pessoas que passavam por ali.

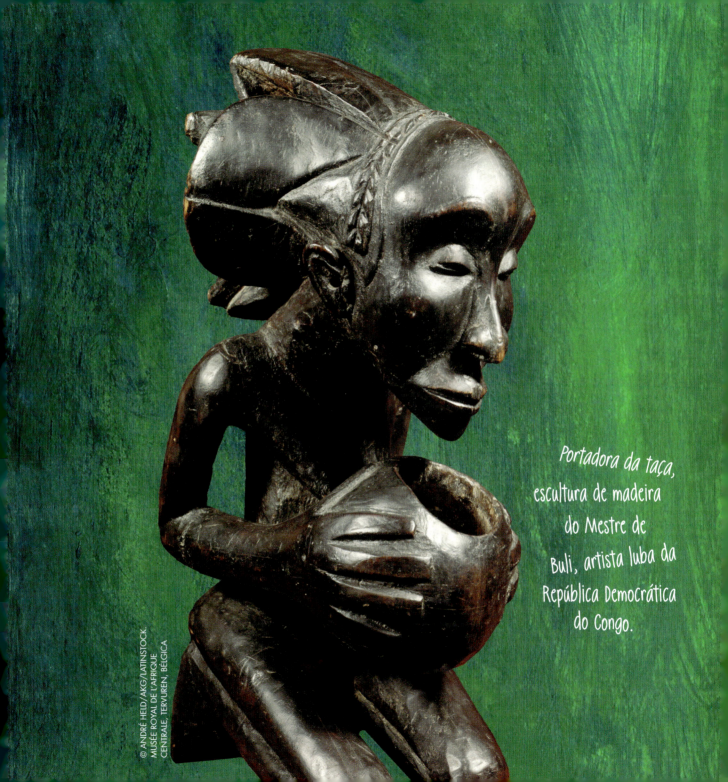

Portadora da taça, escultura de madeira do Mestre de Buli, artista luba da República Democrática do Congo.

Banco de madeira com cariátides, obra do Mestre de Buli, artista luba da República Democrática do Congo.

Também são do Mestre de Buli vários bancos com cariátides, que, entre os lubas, eram exclusivos dos chefes. Cariátide é uma estátua de mulher que sustenta uma estrutura, como um teto, por exemplo — ou, nesse caso, o assento de um banco, como você pode ver na foto. Na arte africana tradicional, as cariátides fazem mais do que sustentar uma estrutura: elas representam antepassados que fornecem apoio físico e espiritual a seus descendentes.

Com ou sem cariátides, entre os lubas como entre outros povos da África negra, o banco — na verdade, qualquer tipo de assento — era e continua sendo a peça mais importante do mobiliário. Antes de mais nada, serve para marcar a posição do indivíduo dentro de sua comunidade, pois a cada nível da hierarquia social corresponde uma forma de assento.

Os axantis, povo de Gana, acreditam que o banco abriga a alma de seu proprietário. É por isso que, quando se levanta, o axanti tomba seu banco para o lado; assim, ninguém poderá usá-lo, e ele não corre o risco de encontrar outra alma em seu lugar.

Tamborete de madeira dos axantis, povo de Gana.

Apoio de cabeça de madeira dos lubas, povo da República Democrática do Congo.

Entre os iorubas, quem queria fazer bancos tinha de aprender não só a entalhar a madeira, como a dominar a linguagem dos símbolos. E, antes de iniciar o trabalho, precisava rezar e meditar muito, para se purificar. Por aí você vê como esse pessoal levava a sério um móvel que, para nós, é apenas... um móvel — e dos mais modestos, em geral.

Outra peça importante do mobiliário africano era — e também continua sendo — o apoio ou encosto de cabeça. Você com certeza não haveria de querer dormir ou descansar com a cabeça apoiada numa dura superfície de madeira. Mas é justamente para isso que serve o apoio ou encosto de cabeça. Em outras palavras: ele tem uma função bem parecida com a de nosso travesseiro. Está, portanto, associado aos sonhos. Por isso mesmo muitos povos africanos acreditam que o apoio de cabeça pode adquirir propriedades mágicas, capazes de mudar, para o bem ou para o mal, não só a vida de seu usuário, como a de toda a comunidade. Os dogons, povo do Mali, não têm a menor dúvida de que, se o chefe espiritual da aldeia encostar a cabeça no chão, vai acontecer uma catástrofe.

Como o assento, o apoio de cabeça é propriedade pessoal e intransferível; não pode ser emprestado a ninguém e acompanha o dono até o fim da vida.

Os dogons vivem da terra, cultivando grãos, como painço, num solo árido. Depois da colheita, eles armazenam esses grãos em celeiros de barro, construídos sobre uma base de pedras mais ou menos alta. Para guardar os celeiros e também suas casas, eles encomendavam portas e fechaduras aos entalhadores e aos ferreiros. Eles tinham muito medo desses profissionais, pois lhes atribuíam poderes mágicos. Os entalhadores faziam portas primorosas, esculpidas com figuras de divindades e de espíritos protetores. Os ferreiros se encarregavam das fechaduras, que também eram esculpidas com figuras míticas. Mas parece que essas figuras não cumpriam muito bem suas funções, pois não impediam que uns e outros roubassem fechaduras para vendê-las. Diante de tantos roubos, os dogons pararam de encomendar fechaduras esculpidas e trataram de esconder as que sobraram.

Porta de celeiro de madeira dos dogons, povo do Mali.

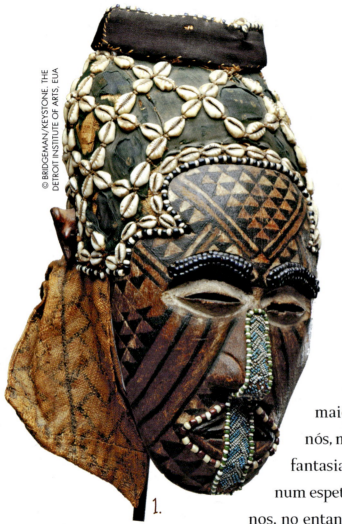

1.

Máscaras representando personagens relacionadas com o mito da origem dos kubas, povo da República Democrática do Congo: Mweel (madeira, conchas, contas de vidro, miçangas e tecido – figura 1), Woot (madeira, conchas, contas de vidro e fibras vegetais – figura 2) e Bwoom (madeira, conchas, contas de vidro, latão e tecido – figura 3).

A escultura também está presente, com maior ou menor peso, nas máscaras. Para nós, máscara é coisa de bandido ou é parte da fantasia que usamos no carnaval, numa festa, num espetáculo teatral. Para muitos povos africanos, no entanto, as máscaras têm uma função quase sagrada, pois eles as veem como intermediários entre o mundo dos vivos e o mundo dos deuses e dos mortos.

2.

3.

Com frequência as máscaras representam uma divindade, um ancestral (legendário ou histórico), um animal (mítico ou real), um herói, um espírito. Elas são usadas em diversas ocasiões, festivas ou solenes, para celebrar os antepassados, espantar os maus espíritos, pedir às divindades paz em tempos de guerra e fartura em tempos de escassez, e por aí afora. Existem muitos tipos e muitos tamanhos de máscara, porém o material básico é a madeira.

Máscara de madeira dos baulês, povo da Costa do Marfim.

Assim que decide fazer uma máscara, o escultor realiza uma cerimônia de purificação. Depois, vai para a floresta procurar a árvore adequada. Quando a encontra, reza para o espírito da árvore e, ao dar o primeiro talho, toma um pouco da seiva, porque acredita que com isso estabelece uma relação de irmandade com o espírito da árvore.

Realizados esses rituais, como reza a tradição, o escultor põe a madeira para secar ao sol e aguarda. Se ela envergar ou rachar, por exemplo, não poderá ser utilizada. Se ela resistir ao sol, começa a ser esculpida. Primeiro, o escultor faz uma espécie de rascunho, escavando as feições principais com uma ferramenta chamada enxó; depois, trabalha os detalhes com o cinzel, que é um instrumento mais delicado, e lixa tudo muito bem lixado. Para finalizar, pinta a máscara — barro, pedras, folhas, sementes e raízes fornecem-lhe as cores desejadas — e, às vezes, enfeita-a com conchinhas, miçangas, peças de metal, fibras vegetais, pedaços de tecidos.

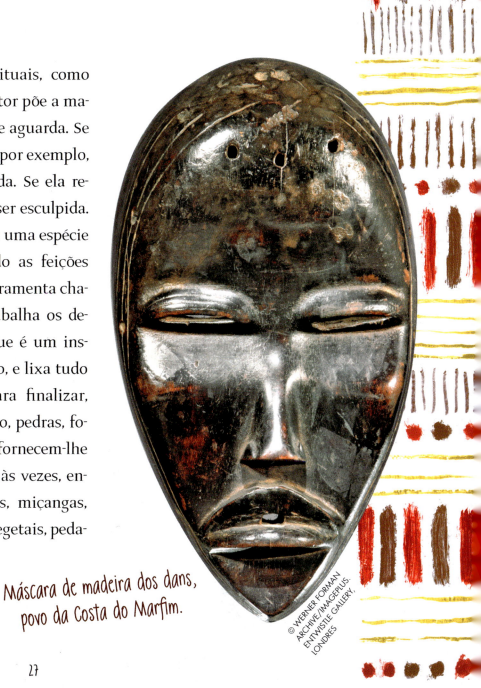

Máscara de madeira dos dans, povo da Costa do Marfim.

Máscaras tyi wara feminina e masculina dos bambaras, povo do Mali.

Uma das máscaras africanas mais famosas é a tyi wara, ou chi wara. Ela é obra dos bambaras, povo do Mali. A tyi wara representa o antílope, fonte de inspiração para muitos artistas africanos. Para os bambaras, que vivem da agricultura, o antílope é o animal mítico que ensinou o homem a cultivar a terra e está relacionado com Faro, o deus criador. A máscara tyi wara é usada em cerimônias que homenageiam o antílope e o deus Faro para que proporcionem boas colheitas.

Há dois tipos de máscara tyi wara, formando um casal. O tipo masculino evidentemente mostra um antílope macho, com dois chifres compridos e curvos, que simbolizam o crescimento do painço. O tipo feminino mostra uma fêmea de antílope com dois chifres longos e retos e o filhote nas costas. Os dois tipos são usados sempre juntos.

As máscaras também estão presentes no ritual de iniciação, que ocorre em toda a África negra. Essa ocasião festiva — e solene — é mais ou menos equivalente a uma cerimônia de formatura. Depois que aprender tudo o que os professores lhe ensinarem do primeiro ao nono

ano, você vai receber o diploma do ensino fundamental, ou seja, vai "se formar". Os meninos africanos passam por um processo parecido. Desde pequeninos – alguns aos três anos, outros aos seis ou aos sete –, eles começam a ser preparados para atuar em todos os setores da vida intelectual, social, política, econômica, moral e religiosa de seu povo. Quando concluem esse aprendizado, não recebem um diploma como você, mas são oficialmente declarados adultos no ritual de iniciação.

Os bambaras criaram para esse ritual a máscara chamada n'tomo, ou n'domo, que é usada por outros povos não só do Mali, mas também das repúblicas do Níger, da Nigéria e de Benin. O estilo da n'tomo varia muito de um grupo a outro, mas ela geralmente tem a testa alta (sinal de inteligência), o nariz comprido (símbolo de vitalidade) e a boca pequena (indicação do valor do silêncio).

Máscara n'tomo de madeira e metal dos bambaras, povo do Mali.

Acho que agora você pode dizer que também passou por uma iniciação — uma iniciação na arte africana tradicional. Se achou interessante essa pequenina amostra da vasta produção artística da África negra, procure saber mais. Pesquise na internet ou na biblioteca de sua cidade. Peça a orientação de seu professor de História ou de Arte. Se possível, visite pessoalmente um museu de arte africana. Se não houver nenhum em sua cidade, faça uma visita virtual ao *site* de um museu como o MAE (Museu de Arqueologia e Etnologia da USP). Você vai se encantar. E eu vou ficar muito contente, porque, afinal, sua iniciação foi por minha conta. Até a próxima.